**Léonard Lifese**

**La soixante dixième semaine de Daniel**

Léonard Lifese

# La soixante dixième semaine de Daniel
## Dieu traite de nouveau avec Israël

Éditions Croix du Salut

**Impressum / Mentions légales**
Bibliografische Information der Deutschen Nationalbibliothek: Die Deutsche Nationalbibliothek verzeichnet diese Publikation in der Deutschen Nationalbibliografie; detaillierte bibliografische Daten sind im Internet über http://dnb.d-nb.de abrufbar.
Alle in diesem Buch genannten Marken und Produktnamen unterliegen warenzeichen-, marken- oder patentrechtlichem Schutz bzw. sind Warenzeichen oder eingetragene Warenzeichen der jeweiligen Inhaber. Die Wiedergabe von Marken, Produktnamen, Gebrauchsnamen, Handelsnamen, Warenbezeichnungen u.s.w. in diesem Werk berechtigt auch ohne besondere Kennzeichnung nicht zu der Annahme, dass solche Namen im Sinne der Warenzeichen- und Markenschutzgesetzgebung als frei zu betrachten wären und daher von jedermann benutzt werden dürften.

Information bibliographique publiée par la Deutsche Nationalbibliothek: La Deutsche Nationalbibliothek inscrit cette publication à la Deutsche Nationalbibliografie; des données bibliographiques détaillées sont disponibles sur internet à l'adresse http://dnb.d-nb.de.
Toutes marques et noms de produits mentionnés dans ce livre demeurent sous la protection des marques, des marques déposées et des brevets, et sont des marques ou des marques déposées de leurs détenteurs respectifs. L'utilisation des marques, noms de produits, noms communs, noms commerciaux, descriptions de produits, etc, même sans qu'ils soient mentionnés de façon particulière dans ce livre ne signifie en aucune façon que ces noms peuvent être utilisés sans restriction à l'égard de la législation pour la protection des marques et des marques déposées et pourraient donc être utilisés par quiconque.

Coverbild / Photo de couverture: www.ingimage.com

Verlag / Editeur:
Éditions Croix du Salut
ist ein Imprint der / est une marque déposée de
AV Akademikerverlag GmbH & Co. KG
Heinrich-Böcking-Str. 6-8, 66121 Saarbrücken, Deutschland / Allemagne
Email: info@editions-croix.com

Herstellung: siehe letzte Seite /
Impression: voir la dernière page
**ISBN: 978-3-8416-9828-5**

Copyright / Droit d'auteur © 2012 AV Akademikerverlag GmbH & Co. KG
Alle Rechte vorbehalten. / Tous droits réservés. Saarbrücken 2012

# LA SOIXANTE-DIXIEME SEMAINE DE DANIEL

Lors de mon voyage missionnaire en Norvège, nous avons connu une merveilleuse communion fraternelle avec les frères; pendant la conversation un frère m'a posé la question concernant la soixante-dixième semaine de Daniel, et, en particulier concernant les trois ans et demi.

La question était : Frère Léonard quelle est votre compréhension au sujet de la soixante-dixième semaine de Daniel et particulièrement sur le temps attribué aux Juifs parce que certains disent : il reste trois ans et demi et d'autres une semaine. Mais nous savons que le prophète W. Branham a dit : trois ans et demi restent pour les Juif. Qu'en dites-vous ?

Pour beaucoup, cette question est considérée comme simple et sans importance et ne devrait pas être posée.

Mais pour moi, c'est très important et nécessaire pour beaucoup de personnes de part le monde.

C'est une grosse pomme de discorde parmi les frères; certains veulent réellement connaître la vérité pour continuer avec le Seigneur, en croyant seulement ce que la Parole de Dieu enseigne.

La chose importante à connaître est ceci : le prophète William Branham a été envoyé par le Seigneur avec un puissant message pour le but suivant :

*« RAMENER LES CŒURS DES ENFANTS VERS LES PERES, NOUS RAMENER A LA BIBLE, LA PAROLE DE DIEU. RIEN D'AUTRES QUE LA PAROLE DE DIEU DEMEURE TOUJOURS VALABLE ».*

Pendant très longtemps, nous avons été conduits par les pensées humaines, crédos, interprétations de la Parole de Dieu, mais Dieu a mis fin à cela en nous envoyant un prophète avec un message clair pour ceux dont le cœur est droit, ayant aussi un esprit droit afin de recevoir la Parole de Dieu.

Leur entendement sera ouvert afin qu'ils comprennent les écritures. Le Seigneur ouvrira notre entendement uniquement afin que nous comprenions les écritures.

L'erreur commise par beaucoup a été d'interpréter les messages du frère Branham; et cela a commencé avec l'usage des brochures de frère Branham à la chaire comme document principal à partir duquel la prédication doit se faire. Logiquement convaincu que c'était la bonne manière de prêcher le message. En faisant cela, nous avons mis réellement de coté le message ; parce que nous avons oublié le BUT réel et principal du ministère de William Branham : NOUS RAMENER A LA BIBLE.

Notre bien-aimé frère Branham disait toujours : MON ABSOLU EST LA BIBLE.

Pourquoi ne suivons–nous pas le véritable modèle. Ceci est le message de l'heure : RETOUR A LA PAROLE DE DIEU.

Pourquoi devons-nous envoyer le peuple de Dieu vers les brochures au lieu de les envoyer vers la Bible ?

Je réalise que certains diront après ce que je viens de dire : ce frère ne croit pas le message.

Soyez en paix dans vos pensées, je crois à cent pour cent le message du temps de la fin mais ne crois pas le soi-disant message avec ses interprétations. Je reste avec le pur message comme il a été prêché par le prophète de Dieu William Branham mais pas du tout avec ce que les gens en ont fait. Si nous étions restés dans la pureté du message nous n'aurions jamais eu aucun problème.

Lorsque les églises ont mis de côté la Bible et ont commencé à prêcher à partir des pensées et enseignements théologiques, c'est alors que les crédos et les diverses interprétations sont apparues et enfin le rejet de la Parole de Dieu. Le Seigneur a été mis dehors des églises, ils ne considèrent plus ce que la Bible dit mais ce que les enseignants disent même si cela est contraire à la Parole de Dieu.

Voici le fanatisme et, pour conséquence, comme pour les dénominations, nous nous référons à Luther parce que nous sommes Luthériens; nous nous référons à Wesley parce que nous sommes Méthodistes. Chacun d'eux a rejeté la Bible comme ABSOLU.

Aussi longtemps que nous minimisons l'importance de la Bible, nous avons rejeté le Seigneur et sommes errants comme Israël dans le désert. La Bible est la Parole de Dieu et le guide de tout véritable croyant. Le prophète de Dieu W. Branham a toujours eu référence à la Bible, il disait : « MES PAROLES SONT FAILLIBLES MAIS PAS LA BIBLE ».

Nous devons donc tous nous aligner à la Bible.

Lors d'une question biblique, il faut une réponse biblique. La Bible doit nous donner une réponse claire concernant la soixante-dixième semaine de Daniel :

Ici je dois mettre en valeur, comme la Bible le dit, les soixante-dix semaines de Daniel n'ont rien à voir avec l'épouse, mais à cause de l'incompréhension parmi les frères, cela est devenu la pomme de discorde. Beaucoup de frères ne veulent plus avoir de communion avec les autres, ceux qui ne croient pas et ne voient pas les soixante –dix semaines de Daniel comme eux; ayant pour résultat la division parmi les frères. Beaucoup sont allés vers l'arbre de la connaissance et ont délaissé l'arbre de vie; l'arbre de Vie étant Jésus notre Seigneur, la Parole de Dieu.

S'il y a quelques questions bibliques, nous devons nous poser la question : Que disent les écritures ? Si nous nous référons à ce que quelqu'un dit, nous n'aurons jamais de réponse précise. Nous devons croire le Seigneur plus que n'importe quel prophète.

Un prophète ou n'importe quel serviteur de Dieu, aussi grand soit son ministère, ne peut être au-dessus de la Parole de Dieu. Si nous le plaçons au-dessus de la Parole de Dieu, cela revient à dire que nous le plaçons au-dessus de Dieu car la Bible dit : LA PAROLE ETAIT DIEU. En étant au-dessus de la Parole de Dieu il devient ANTECHRIST. La Parole de Dieu corrige le prophète et les serviteurs de Dieu; nous devons être soumis à la Parole de Dieu.

Si nous considérons ce que l'ange du Seigneur dit au prophète Daniel, avec un cœur droit et conduit seulement par le Saint-Esprit dans la Parole de Dieu, nous voyons clairement le programme de Dieu. Que dit l'homme Gabriel à Daniel ?

> « *Je parlais encore, je priais, je confessais mon pêché et le pêché de mon peuple d'Israel et, je présentais mes supplications à l'Eternel, mon Dieu, en faveur de la sainte montagne de mon Dieu, je parlais encore dans ma prière, quand l'homme Gabriel que j'avais vu précédemment dans une vision, s'approcha de moi d'un vol rapide, au moment de l'offrande du soir.*
>
> *Il m'instruisit, et s'entretint avec moi ; il me dit : Daniel, je suis venu maintenant pour ouvrir ton intelligence ; Lorsque tu as commencé à prier, la parole est sortie, et je viens pour te l'annoncer ; car tu es un bien-aimé.*
>
> *Sois attentifs à la parole et comprends la vision, soixante-dix semaines ont été fixées sur ton peuple et sur ta ville sainte, pour faire cesser les transgressions et mettre fin aux pêchés, pour expier l'iniquité et amener la justice éternelle, pour sceller la vision et le prophète, et pour oindre le Saint des saints.*
>
> *Sache-le donc, et comprends !*
>
> *Depuis le moment où la parole a annoncé que Jérusalem sera rebâtie jusqu'à celui où un, chef sera oint, il y a sept semaines ; dans soixante-deux semaines, les places et les fossés seront rétablis, mais en des temps fâcheux.*
>
> *Après les soixante-deux semaines, un oint sera retranché et il n'aura pas de successeur. Le peuple d'un chef qui viendra détruira la ville et le sanctuaire, et sa fin arrivera comme par une inondation ; il est arrêté que les dévastations dureront jusqu'au terme de la guerre.*

*Il fera une solide alliance avec plusieurs pendant une semaine et, durant la moitié de la semaine il fera cesser le sacrifice et l'offrande; le dévastateur commettra les choses les plus abominables, jusqu'à ce que la ruine et ce qui a été résolu fondent sur le dévastateur».*

DANIEL 9 :20-27

Nous lisons : SOIXANTE-DIX SEMAINES ont été fixées sur ton peuple et sur ta ville sainte. Nous comprenons donc que cela concerne le peuple de Daniel et non les Gentils, les Juifs et la cité sainte n'est pas ROME mais JERUSALEM (La Cité Sainte) la cité des enfants d'Israël;

L'homme Gabriel est venu lui apporter et révéler ce qui arriverait à son peuple jusqu'à la fin de la génération des Juifs, l'image complète, le programme entier de Dieu pour son peuple les Juifs, quelle merveilleuse chose, cet homme Daniel était un bien-aimé, il avait le privilège de recevoir le programme de Dieu et sa compréhension :

SOIXANTE-DIX SEMAINES SONT FIXEES SUR TON PEUPLE ET SUR LA VILLE SAINTE.

Quelles merveilles que le Seigneur Dieu a données et faites pour le peuple de Daniel, ils avaient la possibilité de compter la période de temps qui leur était assignée, par des événements très précis :

> «*Sache-le donc, et comprends! Depuis le moment où la parole a annoncé que Jérusalem sera rebâtie jusqu'à celui où un chef sera oint, il y a sept semaines, dans soixante-deux semaines, les places et les fossés seront rétablis, mais en des temps fâcheux* »

Si nous prêtons attention à ce que Gabriel dit à Daniel du verset 21 au verset 27, nous devons noter que les soixante-dix semaines sont divisées en trois périodes :

### *Première période*

Sept semaines pendant les quelles Jérusalem devrait être reconstruite en des temps fâcheux

L'accomplissement des sept semaines est relaté dans ESDRAS 1 : 1-11 et NEHEMIE 2 : 1-10

ESDRAS 1 : 1-11

> *La première année de Cyrus, roi de Perse, afin que s'accomplît la parole de l'Éternel prononcée par la bouche de Jérémie, l'Éternel réveilla l'esprit de Cyrus, roi de Perse, qui fit faire de vive voix et par écrit cette publication dans tout son royaume*

*Ainsi parle Cyrus, roi des Perses: L'Éternel, le Dieu des cieux, m'a donné tous les royaumes de la terre, et il m'a commandé de lui bâtir une maison à Jérusalem en Juda*

*Qui d'entre vous est de son peuple? Que son Dieu soit avec lui, et qu'il monte à Jérusalem en Juda et bâtisse la maison de l'Éternel, le Dieu d'Israël! C'est le Dieu qui est à Jérusalem.*

*Dans tout lieu où séjournent des restes du peuple de l'Éternel, les gens du lieu leur donneront de l'argent, de l'or, des effets, et du bétail, avec des offrandes volontaires pour la maison de Dieu qui est à Jérusalem.*

*Les chefs de famille de Juda et de Benjamin, les sacrificateurs et les Lévites, tous ceux dont Dieu réveilla l'esprit, se levèrent pour aller bâtir la maison de l'Éternel à Jérusalem.*

*Tous leurs alentours leur donnèrent des objets d'argent, de l'or, des effets, du bétail, et des choses précieuses, outre toutes les offrandes volontaires.*

*Le roi Cyrus rendit les ustensiles de la maison de l'Éternel, que Nebucadnetsar avait emportés de Jérusalem et placés dans la maison de son dieu.*

*Cyrus, roi de Perse, les fit sortir par Mithredath, le trésorier, qui les remit à Scheschbatsar, prince de Juda.*

*En voici le nombre: trente bassins d'or, mille bassins d'argent, vingt-neuf couteaux, trente coupes d'or, quatre cent dix coupes d'argent de second ordre, mille autres ustensiles.*

*Tous les objets d'or et d'argent étaient au nombre de cinq mille quatre cents. Scheschbatsar emporta le tout de Babylone à Jérusalem, au retour de la captivité.*

NEHEMIE 1 : 1- 11

*Paroles de Néhémie, fils de Hacalia. Au mois de Kisleu, la vingtième année, comme j'étais à Suse, dans la capitale, Hanani, l'un de mes frères, et quelques hommes arrivèrent de Juda. Je les questionnai au sujet des Juifs réchappés qui étaient restés de la captivité, et au sujet de Jérusalem.*

*Ils me répondirent: Ceux qui sont restés de la captivité sont là dans la province, au comble du malheur et de l'opprobre; les murailles de Jérusalem sont en ruines, et ses portes sont consumées par le feu.*

*Lorsque j'entendis ces choses, je m'assis, je pleurai, et je fus plusieurs jours dans la désolation. Je jeûnai et je priai devant le Dieu des cieux, et je dis: O Éternel, Dieu des cieux, Dieu grand et redoutable, toi qui gardes ton alliance et qui fais miséricorde à ceux qui t'aiment et qui observent tes commandements!*

*Que ton oreille soit attentive et que tes yeux soient ouverts: écoute la prière que ton serviteur t'adresse en ce moment, jour et nuit, pour tes serviteurs les enfants d'Israël, en confessant les péchés des enfants d'Israël, nos péchés contre toi; car moi et la maison de mon père, nous avons péché.*

*Nous t'avons offensé, et nous n'avons point observé les commandements, les lois et les ordonnances que tu prescrivis à Moïse, ton serviteur.*

*Souviens-toi de cette parole que tu donnas ordre à Moïse, ton serviteur, de prononcer. Lorsque vous pécherez, je vous disperserai parmi les peuples; mais si vous revenez à moi, et si vous observez mes commandements et les mettez en pratique, alors, quand vous seriez exilés à l'extrémité du ciel, de là je vous rassemblerai et je vous ramènerai dans le lieu que j'ai choisi pour y faire résider mon nom.*

*Ils sont tes serviteurs et ton peuple, que tu as rachetés par ta grande puissance et par ta main forte.*

*Ah! Seigneur, que ton oreille soit attentive à la prière de ton serviteur, et à la prière de tes serviteurs qui veulent craindre ton nom! Donne aujourd'hui du succès à ton serviteur, et fais-lui trouver grâce devant cet homme! J'étais alors échanson du roi.*

### *Deuxième période*

Soixante-deux semaines durant laquelle le Messie devait venir, comprenant la naissance et le ministère du Seigneur Jésus Christ; l'accomplissement est relaté dans les quatre évangiles.

*Troisième période*

Une semaine pendant laquelle l'antéchrist confirmera l'alliance avec le peuple de Daniel.

Nous devons également admettre qu'une semaine est égale à sept ans ; cette information nous est donnée au verset 27où il est écrit que dans le milieu de la semaine l'antéchrist fera cesser le sacrifice et l'offrande.

Comment donc comprenons-nous que c'est réellement sept ans ?

L'information complète nous est donnée dans Apocalypse 11 : 3 « *Je donnerai à mes deux témoins le pouvoir de prophétiser, revêtus de sacs, pendant mille deux cent soixante jours*»

Rendons ceci plus clair :

1260 jours pendant les quels deux témoins prophétisent, dans le calendrier biblique nous avons 30 jours par mois, d'où 360 jours par an.

En considérant cela, nous avons :
1260 jours divisés par 30 jours par mois = 42 mois
42 mois divisés par 12 mois par an = 3 ½ ans

En reportant ceci à Daniel 9 : 27 cela correspond et nous comprenons que la moitié de la semaine signifie trois ans et demi de ce fait 1 semaine est égale à sept ans.

Avec ceci nous devons revenir à l'image complète du message adressé à Daniel par l'ange Gabriel; nous comprenons clairement que soixante-dix semaines ont été attribuées à son peuple et à la cité sainte. Ceci concerne le peuple de Daniel, les Juifs et la cité qui est Jérusalem; soixante-dix semaines leur étaient attribuées, période de leur existence.

Ceci est très important et doit être compris, pour les Juifs il y a une période de temps qui a été fixée par le Seigneur, mais non pour les Gentils; nous lisons : Romains 11 :25

« ….*Jusqu'à ce que la totalité des païens soit entrée….* »

Pour les Gentils la période de temps n'est pas fixée mais, pour les Juifs cette période est fixée : soixante-dix semaines.

Ceci est très important pour l'église des Gentils et pourquoi ? Parce que la période de temps est clairement déterminée pour Israël.

Nous comprenons donc qu'Israël est l'horloge de Dieu. Voilà la raison pour la quelle le Seigneur dit dans Mathieu 24 :32-33 : « *Instruisez-vous par une comparaison tirée du figuier. Dès que ses branches deviennent tendres, et que les feuilles poussent, vous connaissez que l'été est proche .De même, quand vous verrez toutes ces choses, sachez que le Fils de l'homme est proche, à la porte* ».

Le figuier typifie Israël voir Osée 9 :10

*«J'ai trouvé Israël comme des raisins dans le désert, J'ai vu vos pères comme les premiers fruits d'un figuier… »*

Les soixante-dix semaines de Daniel n'ont rien à voir avec l'église des Gentils, mais , elles sont d'une très grande importance pour l'Epouse de Christ. Leur développement nous donne des informations précises sur l'avancement du plan de Dieu pour les Juifs et les Gentils car la Bible déclare :

*« Ils tomberont sous le tranchant de l'épée, ils seront emmenés captifs parmi toutes les nations, et, Jérusalem sera foulée aux pieds par les nations, jusqu'à ce que les temps soient accomplis ».* LUC 21 : 24

Si nous avons une bonne compréhension des soixante-dix semaines de Daniel conformément à la Parole de Dieu, nous aurons une bonne compréhension du programme de Dieu pour les Gentils.

Nous savons cela, Dieu n'agit jamais en même temps avec Israël et les gentils.

Les soixante-dix semaines de Daniel sont très importantes et ne peuvent être comprises que par révélation; chaque révélation venant de Dieu doit correspondre à la Parole de Dieu.

Si cela n'est pas le cas, la révélation ne vient pas de Dieu. Dieu fait toutes choses en accord avec Sa Parole.

Par la Parole de Dieu nous comprenons que la première période des soixante-dix semaines qui concerne les sept semaines a été accomplie; la 2$^{ème}$ période de soixante-deux semaines nous donne quelques détails pour une bonne compréhension des événements concernés :

« *Après les soixante-deux semaines, un oint sera retranché et il n'aura pas de successeur. Le peuple d'un chef qui viendra détruira la ville et le sanctuaire, et sa fin arrivera comme par une inondation, il est arrêté que les dévastations dureront jusqu'au terme de la guerre* ».

DANIEL 9 :26

Ecrivons cela clairement :

1. Soixante-dix semaines sont déterminées pour le peuple de Daniel.
2. Sept semaines pour la reconstruction de Jérusalem plus soixante-deux semaines concernant la naissance et le ministère du Messie.
3. 7 semaines+62 semaines =69 semaines.

Mais la période entière est de soixante-dix semaines (70), la Bible nous dit que 69 semaines sont déjà accomplies et, pour renforcer la compréhension, l'homme Gabriel déclare :

« *Après soixante-deux semaines le Messie sera retranché* ».

Ceci s'est accompli quand Christ, le Messie, a été crucifié et mourut à Golgotha. Tout s'est accompli durant les soixante-deux semaines et les soixante-deux semaines se terminent avec la crucifixion du Messie.

« *Après soixante-deux semaines le Messie sera retranché….. ».*

POURQUOI LE MOT **APRES** ?

Le mot « Après » indique un changement, un tournant dans l'histoire d'Israël et des Gentils.

Cela a été écrit afin de renforcer le temps et introduire une autre période, le temps des Gentils.

Nous devons savoir que la venue du Messie était la chose la plus importante pour les Juifs mais ils ne L'ont pas reconnu, ils L'ont rejeté, ils L'ont crucifié.

Depuis le rejet du Messie, Dieu a arrêté d'agir avec Israël et s'est tourné vers les Gentils comme écrit :

> « *Simon a raconté comment Dieu a d'abord jeté les regards sur les nations pour choisir du milieu d'elles un peuple qui portât son Nom. Et avec cela s'accordent les paroles des prophètes, selon qu'il est écrit : Après cela Je*

*reviendrai, et Je relèverai de sa chute la tente de David, J'en réparerai les ruines et Je la redresserai, afin que le reste des hommes cherche le Seigneur, ainsi que toutes les nations sur les quelles mon Nom est invoqué, dit le Seigneur, qui fait ces choses, et à qui elles sont connues de toute éternité ».*

ACTES 15 :14-17

Le mot APRES indique le commencement du temps des Gentils ; qui est appelé le « TEMPS DE GRACE », le temps favorable. Ceci est l'accomplissement des écritures :

*« J'appellerai mon peuple celui qui n'était pas mon peuple et bien-aimée celle qui n'était pas la bien-aimée et là où on leur disait : vous n'êtes pas mon peuple, ils seront appelés fils du Dieu vivant. »*

ROMAINS : 9-25-26.

Maintenant Dieu agit avec les Gentils et non avec les Juifs.

*« Je dis donc: Est-ce pour tomber qu'ils ont bronché? Loin de là! Mais, par leur chute, le salut est devenu accessible aux païens, afin qu'ils fussent excités à la jalousie. Or, si leur chute a été la richesse du monde, et leur amoindrissement la richesse des païens, combien plus en sera-t-il ainsi quand ils se convertiront tous. Je vous le dis à vous, païens: en tant que je suis apôtre des païens, je glorifie mon ministère, afin, s'il est possible, d'exciter la jalousie de ceux de ma race, et d'en sauver quelques-uns. Car si leur rejet a été la réconciliation du monde, que sera leur réintégration, sinon une vie d'entre les morts? Or, si les prémices sont saintes, la masse l'est aussi; et si la racine est sainte, les branches le sont aussi. Mais si quelques-unes des branches ont été retranchées, et si toi, qui était un*

*olivier sauvage, tu as été enté à leur place, et rendu participant de la racine et de la graisse de l'olivier, ne te glorifie pas aux dépens de ces branches. Si tu te glorifies, sache que ce n'est pas toi qui portes la racine, mais que c'est la racine qui te porte. Tu diras donc: Les branches ont été retranchées, afin que moi je fusse enté. Cela est vrai; elles ont été retranchées pour cause d'incrédulité, et toi, tu subsistes par la foi. Ne t'abandonne pas à l'orgueil, mais crains; car si Dieu n'a pas épargné les branches naturelles, il ne t'épargnera pas non plus. Considère donc la bonté et la sévérité de Dieu: sévérité envers ceux qui sont tombés, et bonté de Dieu envers toi, si tu demeures ferme dans cette bonté; autrement, tu seras aussi retranché. Eux de même, s'ils ne persistent pas dans l'incrédulité, ils seront entés; car Dieu est puissant pour les enter de nouveau. Si toi, tu as été coupé de l'olivier naturellement sauvage, et enté contrairement à ta nature sur l'olivier franc, à plus forte raison eux seront-ils entés selon leur nature sur leur propre olivier. Car je ne veux pas, frères, que vous ignoriez ce mystère, afin que vous ne vous regardiez point comme sages, c'est qu'une partie d'Israël est tombée dans l'endurcissement, jusqu'à ce que la totalité des païens soit entrée».*

ROMAINS 11 : 11-25

Le verset 26 de Daniel 9 a été accompli avec précision, chacun reconnaît qu'en l'an 70 après Jésus-Christ, Titus le général Romain vint et envahit Jérusalem et tua le peuple ; il y a eu un bain de sang dans Jérusalem. Depuis ce temps, les Juifs ont été dispersés parmi les nations.

« *Lorsque vous verrez Jérusalem investie par des armées, sachez alors que sa désolation est proche .Alors, que ceux qui seront en Judée fuient dans les montagnes, que ceux qui seront au milieu de Jérusalem en sortent ; et que ceux qui seront dans les champs n'entrent pas dans la ville .Car ce seront des jours de vengeance, pour l'accomplissement de tout ce qui est écrit.*

*Malheur aux femmes qui seront enceintes et à celles qui allaiteront en ces jours-là ; Car il y aura une grande détresse dans le pays, et de la colère contre ce peuple .Ils tomberont sous le tranchant de l'épée, ils seront emmenés captifs parmi toutes les nations, et, Jérusalem sera foulée aux pieds par les nations, jusqu'à ce que les temps des nations soient accomplis ».*

LUC : 21-20-24.

Aussi longtemps que Dieu agit avec les Gentils, Il ne peut agir avec le peuple de Daniel .Nous comprenons que leur temps s'est arrêté avec le retrait du Messie, précisément à la soixante-neuvième semaine et, que depuis le temps n'est plus compté pour le peuple de Daniel. C'est maintenant le temps des Gentils et ce, jusqu'à ce que le temps des Gentils soit terminé. Le schéma complet était de soixante –dix semaines et, nous avons vu que soixante-neuf semaines sont déjà terminées, il reste donc une semaine pour le peuple de Daniel en accord avec la Parole de Dieu prononcée par l'homme Gabriel.

*« Il fera une solide alliance avec plusieurs pendant une semaine ».*

DANIEL 9 :27a

Cette semaine est divisée en deux. Comme nous le savons une semaine est égale à sept ans ainsi donc nous avons trois ans et demi plus trois ans et demi.

> « *Et durant la moitié de la semaine il fera cesser le sacrifice et l'offrande* ».

DANIEL 9 :27c

Si nous pouvons laisser toutes choses exactement comme la Parole de Dieu l'enseigne ,sans aucune interprétation particulière, nous pouvons voir l' ensemble du plan de Dieu et,cela est d'une évidence totale pour ceux qui sont droit et honnête.

Selon la Bible et la bouche de l'homme Gabriel qui a parlé à Daniel concernant la période attribuée pour son peuple, nous voyons qu'il reste une semaine pour le peuple de Daniel depuis le retranchement du Messie.

Comment donc pouvons-nous dire qu'il ne reste que trois ans et demi pour le peuple de Daniel ?

Par quelle écriture pouvons-nous déclarer cela ? Avons-nous plus de connaissance que l'homme Gabriel qui est venu et dit à Daniel :

> « *Daniel, je suis venu maintenant pour ouvrir ton intelligence* »

DANIEL 9 :22.

Certains disent : Le prophète a dit qu'il reste trois ans et demi pour les Juifs car les autres trois ans et demi ont été utilisés par le Seigneur Jésus Christ pour la prédication lorsqu'Il était en Israël.

Ma question est la suivante : Quelle est la raison de l'envoi par le Seigneur Dieu d'Elie le prophète dans notre temps ?

La réponse : Ramener le peuple de Dieu à la foi des apôtres, à la Bible, retour à la parole de Dieu.

De grâce, arrêtons de conduire le peuple de Dieu hors du but réel pour le quel Dieu a envoyé Elie le prophète en notre temps; chaque prédication apportée par Frère Branham l'a été à partir de la Bible qui est l'absolu, la parole de Dieu.

Frère Branham n'est pas venu nous ramener vers un quelconque prophète, il a été envoyé pour nous ramener vers le modèle original : la parole de Dieu comme cela est écrit dans la Bible.

Si nous prenons la pensée qu'il ne reste que trois ans et demi pour le peuple de Daniel, car les autres trois ans et demi auraient été utilisés par le Seigneur Jésus Christ, nous faisons donc mentir la Bible.

Considérons ceci : si trois ans et demi ont été utilisés par le Seigneur Jésus Christ lors de Sa vie en Israël, cela signifie :

1. sept semaines (49 ans) pour reconstruire Jérusalem
2. soixante –deux semaines (434 ans) couvrant la naissance, le ministère et la crucifixion du Messie
3. trois ans et demi où Jésus a prêché en Israël.

Nous avons donc :
TOTAL : 49+434+3.1/2=486.1/2 ans.

Avec cette manière de penser qui est humaine, nous n'avons pas le plan complet et qui ne correspond pas à la Parole de Dieu.

Pourquoi ? Parce que l'ange a dit : « *Après soixante-deux semaines le Messie sera retranché* »

Si nous ajoutons trois ans et demi, cela devient : Après soixante-deux semaines et trois ans et demie le Messie sera retranché. Cela a-t-il un sens ? Qui a le droit de changer ou d'ajouter quelque chose à la Parole de Dieu ?

Certains diront donc : les trois ans et demi sont compris dans les soixante-deux semaines.

Si nous acceptons cette pensée, nous avons :

« Après soixante et une semaines (61) et trois ans et demi le Messie sera retranché »

Où cela correspond t-il dans l'ensemble du plan, l'ange Gabriel a dit :

« *Il fera une solide alliance avec plusieurs pendant une semaine* »

L'alliance se fera dans le futur et non dans le passé car le ministère du Messie était dans le passé, la Bible l'a mentionné pendant les soixante-deux semaines ; ne venez pas avec le mot APRES car cela a déjà été expliqué.

La Bible dit : « *Que Dieu au contraire soit reconnu pour vrai, et tout homme pour menteur, selon qu'il est écrit :* »*Afin que tu sois trouvé juste dans tes paroles, et que tu triomphes lorsqu'on te juge*» ROMAINS 3 : 4.

Revenons à ce que dit l'écriture et non à ce que dit le prophète.

Ne vous précipitez pas en disant : Frère Léonard ne considère pas le prophète ; si vous le dites, vous êtes un menteur, votre cœur n'est pas droit devant Dieu. Vous ne considérez pas Dieu et Sa parole ; c'est un esprit fanatique qui vous anime .Je respecte et considère le prophète de Dieu William Branham mais la Parole de Dieu est au-dessus de tout, soit prophète, soit apôtre, soit serviteur ou prédicateur .Nous devons ramener tout à la Parole de Dieu. Ceci est le respect et la considération pour Dieu : « *ADORE DIEU* »Apocalypse 19 : 10.

Laissons la Parole de Dieu parler d'elle-même.

Lorsque nous lisons Daniel 9 23-27, chaque chose a sa place correcte dans l'ensemble du plan. Il reste exactement une semaine pour les Juifs et, comme nous le savons, Dieu n'agit pas avec les Juifs mais agit maintenant avec les Gentils. Lorsqu'Il aura terminé avec les Gentils, Il retournera vers les Juifs comme écrit :

*« Simon a raconté comment Dieu a d'abord jeté les regards sur les nations pour choisir du milieu d'elles un peuple qui portât Son Nom; et avec cela s'accordent les paroles des prophètes, selon qu'il est écrit : Après cela, Je reviendrai et Je relèverai de sa chute la tente de David, J'en réparerai les ruines, et Je la redresserai, afin que le reste des hommes cherche le Seigneur; ainsi que toutes les nations sur les quelles mon Nom est invoqué, dit le Seigneur, qui fait ces choses, et à qui elles sont connues de toute éternité .*

ACTES 15 : 14-18.

Et : *« Car je ne veux pas, frères, que vous ignoriez ce mystère, afin que vous ne vous regardiez point comme sages, c'est qu'une partie d'Israël est tombée dans l'endurcissement, jusqu'à ce que la totalité des païens soit entrée. Et ainsi tout Israël sera sauvé; selon qu'il est écrit : Le libérateur viendra de Sion, et il détournera de Jacob les impiétés .Et ce sera mon alliance avec eux, lorsque j'ôterai leurs péchés .En ce qui concerne l'évangile, ils sont ennemis à cause de vous : mais en ce qui concerne l'élection, ils sont aimés à cause de leurs pères .Car Dieu ne se repent pas de ses dons et de son appel .De même que vous avez autrefois désobéi à Dieu et que par leur désobéissance vous avez maintenant obtenu miséricorde, de même ils ont maintenant désobéi, afin que, par la miséricorde qui vous a été faite, ils obtiennent aussi miséricorde.*

*Car Dieu a renfermé tous les hommes dans la désobéissance, pour faire miséricorde à tous.*

*O profondeur de la richesse, de la sagesse et de la science de Dieu ! Que ses jugements sont insondables et ses voies incompréhensibles. Car qui a connu la pensée du Seigneur, ou qui a été son conseiller ? Qui lui a donné le premier, pour qu'il ait à recevoir en retour ? C'est de lui, par lui et pour lui que sont toutes choses. A lui la gloire dans tous les siècles ! AMEN !*

ROMAINS 11 : 25-36.

La parole : »*C'est qu'une partie d'Israël est tombée dans l'endurcissement, jusqu'à ce que la totalité des païens soit entrée* »ROMAINS 11 :25 b ; ceci est en rapport avec les derniers qui doivent être appelés à sortir pour entrer dans le corps de Christ et alors l'enlèvement aura lieu.

Avec l'enlèvement de l'épouse de Christ se termine le temps de grâce pour les Gentils et commence la dernière semaine de Daniel.

Parce que Dieu a terminé avec les Gentils, Il agit avec Israël comme nation :

« *Avec cela s'accordent les paroles des prophètes, selon qu'il est écrit : Après cela, je reviendrai, et je relèverai de sa chute la tente de David, j'en réparerai les ruines et je la redresserai*» ACTES 15 :15-16.

Dieu visitera son peuple d'Israël.

Nous savons tous que Titus est venu détruire Jérusalem en 70 après Jésus-Christ et depuis ce jour la nation d'Israël n'existait plus même le nom d'Israël en tant que pays était en horreur.

Les conquérants ne voulaient plus mentionner le nom d'Israël et mirent à la place le nom de Palestine ; car ils voulaient que l'on ne se souvienne plus du nom Israël. Les Juifs n'avaient aucune terre, ils étaient éparpillés parmi les nations en accord avec :

*« Ils tomberont sous le tranchant de l'épée, ils seront emmenés captifs parmi toutes les nations, Jérusalem sera foulée aux pieds par les nations, jusqu'à ce que les temps des nations soient accomplis»*

LUC 21 :24.

Dieu doit agir avec Israël comme nation, de ce fait, avant que ne commence la dernière semaine, ils doivent retourner dans leur pays; car Dieu n'agira avec eux que lorsqu'ils seront dans leur pays comme nous le lisons :

*« En ce temps-là, dit l'Eternel; Je serai le Dieu de toutes les familles d'Israël et ils seront mon peuple.*

*Ainsi parle l'Eternel : Il a trouvé grâce dans le désert, le peuple de ceux qui ont échappé au glaive; Israël marche vers son lieu de repos. De loin l'Eternel se montre à moi :Je t'aime d'un amour éternel c'est pourquoi Je te conserve ma bonté; Je te rétablirai encore et tu seras rétablie ; Vierge d'Israël ! .Tu auras encore tes tambourins pour parure; et tu sortiras au milieu des danses joyeuses. Tu planteras encore des vignes sur les montagnes de Samarie, les planteurs planteront et cueilleront les fruits. Car le jour vient où les gardes crieront sur la montagne d'Ephraïm : levez-vous, montons à Sion, vers l'Eternel notre Dieu.*

*Car ainsi parle l'Eternel : poussez des cris de joie sur Jacob, éclatez d'allégresse à la tête des nations ! Elevez vos voix, chantez des louanges et dites : Eternel délivre ton peuple, le reste d'Israël ! Voici je les ramène du pays du septentrion, Je les rassemble des extrémités de la terre; parmi eux sont l'aveugle et le boiteux, la femme enceinte et celle en travail.*

*C'est une grande multitude qui revient ici. Ils viennent en pleurant, et Je les conduis au milieu de leurs supplications ; Je les mène vers des torrents d'eau; par un chemin uni où ils ne chancellent pas ; car Je suis un père pour Israël, et Ephraïm est mon premier-né.*

*Nations, écoutez la parole de l'Eternel et, publiez-la dans les îles lointaines ! Dites : Celui qui a dispersé Israël le rassemblera et, Il le gardera comme le berger garde son troupeau.*

*Car l'Eternel rachète Jacob, Il le délivre de la main d'un plus fort que lui; ils viendront et pousseront des cris de joie sur les hauteurs de Sion ; ils accourront vers les biens de l'Eternel, le blé, le moût, l'huile, les brebis et, les bœuf; .leur âme sera comme un jardin arrosé, et ils ne seront plus dans la souffrance Alors les jeunes filles se réjouiront à la danse, les jeunes hommes et les vieillards se réjouiront aussi ; Je changerai leur deuil en allégresse, et je les consolerai ; Je leur donnerai de la joie après leurs chagrins. Je rassasierai de graisse l'âme des sacrificateurs ; et mon peuple se rassasiera de mes biens dit l'Eternel »*

JEREMIE 31 :1-14.

Certainement Israël est l'horloge de Dieu :

> *« Instruisez-vous par une comparaison tirée du figuier Dès que ses branches deviennent tendres et, que les feuilles poussent, vous connaissez que l'été est proche. De même, quand vous verrez toutes ces choses, sachez que le Fils de l'homme est proche à la porte .Je vous le dis en vérité, cette génération ne passera point, que tout cela n'arrive .Le ciel et la terre passeront mais mes paroles ne passeront point. »*

MATTHIEU 24 : 32-35.

Pendant la période de dispersion parmi les nations, leur période s'est arrêtée exactement à la soixante-neuvième semaine.

Les Juifs déclarèrent leur indépendance comme une nation reconnue par L'Organisation des Nations Unies(ONU) le 7Mai 1946, maintenant Israël possède son pays et qu'ils retournent vers le pays de la promesse. Le temps des nations se termine et l'évangile retournera vers Israël. Ils sont maintenant une nation et Dieu peut agir avec eux.

Pourquoi Dieu n'a –t-Il pas encore commencé d'agir avec eux ?

Parce qu'Il doit d'abord terminer avec les Gentils.

La raison principale de la visitation de Dieu parmi les Gentils est de choisir parmi eux un peuple qui porte Son Nom, en d'autres mots, son Epouse en accord avec :

« …Dieu a d'abord jeté les regards sur les nations pour choisir du milieu d'elles un peuple qui portât son Nom…. »

ACTES 15 : 14.

Il est parti leur préparer une place et Sa promesse est de revenir pour la prendre avec Lui.

« Que votre cœur ne se trouble point .Croyez en Dieu, et croyez en moi. Il y a plusieurs demeures dans la maison de mon père .Si cela n'était pas, Je vous l'aurais dit. Je vais vous préparer une place. Et, lorsque Je m'en serai allé et que Je vous aurai préparé une place, Je reviendrai et Je vous prendrai avec moi, afin que là où Je suis vous y soyez aussi. »

JEAN 14 :1-3.

Le Seigneur ne tarde pas dans l'accomplissement de ses promesses mais attend que le dernier entende le cri; le message du temps du soir selon APOCALYPSE 18 : 4

« Et j'entendis du ciel une autre voix qui disait : Sortez du milieu d'elle, mon peuple, afin que vous ne participiez point à ses péchés, et n'ayez point de part à ses fléaux », et la lumière qui a brillé au temps du soir et, comme le dit l'écriture

ROMAINS 11 :25

*« Car je ne veux pas, frère que vous ignoriez ce mystère afin que vous ne vous regardiez point comme sages ; c'est qu'une partie d'Israël est tombée dans l'endurcissement, jusqu'à ce que la totalité des païens soit entrée ».*

Il attend jusqu'à ce que le dernier entende le message du soir, croit et entre dans le corps par le baptême du Saint Esprit ; car il n'est pas suffisant de dire « je crois le message ». L'important est d'entrer dans le corps de Christ.

Comment pouvons-nous y entrer ? Par le baptême du Saint Esprit comme il est écrit :

*« Car, comme le corps est un et a plusieurs membres et, comme tous les membres du corps malgré leur nombre ne forment qu'un seul corps; ainsi en est-il de Christ ; Nous avons tous, en effet, été baptisés dans un seul esprit pour former un seul corps, soit Juifs, soit Grecs, soit esclaves, soit libres et nous avons tous été abreuvés d'un seul esprit «.*

CORINTHIENS 12 :12-13

Pourquoi est-ce si important d'être dans le corps de Christ ?

Cela concerne l'épouse de Christ qui doit être enlevée et, l'épouse est LE CORPS DE CHRIST. C'est le corps de Christ qui sera enlevé, »les Gentils au complet ». Ainsi donc la dernière semaine de Daniel commencera après l'enlèvement de l'épouse de Christ.

La dernière semaine de Daniel est divisée en deux périodes de trois ans et demi en accord avec les écritures :

### *Première période de trois ans et demi*

Elle commence par le service des deux prophètes envoyés par Dieu en Israël, ils prophétiseront mille deux cent soixante jours (1260 jours)

Rendons cela plus clair:

1260 jours divisés par 30 jours par mois = 42 mois

42 mois divisés par 12 mois par an = 3ans et demi

> En accord avec APOCALYPSE 11 : 3-11 : « *Je donnerai à mes deux témoins le pouvoir de prophétiser, revêtu de sacs pendant mille deux cent soixante jours. Ce sont les deux oliviers et les deux chandeliers qui se tiennent devant le Seigneur de la terre. Si quelqu'un veut leur faire du mal, du feu sort de leur bouche et dévore leurs ennemis; et si quelqu'un veut leur faire du mal, il faut qu'il soit tué de cette manière .Ils ont le pouvoir de fermer le ciel afin qu'il ne tombe point de pluie pendant les jours de leur prophétie ;et,ils ont le pouvoir de changer les eaux en sang, et de frapper la terre de toute espèce de plaie,chaque fois qu'ils le voudront.*
>
> *Quand ils auront achevé leur témoignage, la bête qui monte de l'abîme leur fera la guerre, les vaincra, et les tuera. Et leurs cadavres seront sur la place de la grande ville, qui est appelée, dans un sens spirituel Sodome et Egypte là même où leur Seigneur a été crucifié.*
>
> *Des hommes d'entre les peuples, les tributs, les langues et les nations, verront leurs cadavres pendant trois jours et demi, et ils ne permettront*

*pas que leurs cadavres soient mis dans un sépulcre .Et à cause d'eux les habitants de la terre se réjouiront et seront dans l'allégresse, et ils s'enverront des présents les uns aux autres parce que ces deux prophètes ont tourmenté les habitants de la terre.*

*Après les trois jours et demi, un esprit de vie venant de Dieu, entra en eux et ils se tinrent sur leurs pieds et une grande crainte s'empara de ceux qui les voyaient. »*

Ce sera le temps où la vraie parole de Dieu, le même message qui a été prêché à l'Eglise-Epouse parmi les Gentils par le dernier messager de Laodicée, William Marion Branham, et prêché également par les vrais serviteurs de Dieu sous la conduite du Saint Esprit pour le peuple de Dieu. C'est le même qui sera prêché au peuple de Daniel.

Concernant le message du temps du soir prêché parmi les Gentils, ceci doit être dit pour une bonne compréhension :

Premièrement, le message est donné par le Seigneur à l'ange (messager) de l'église, dans ce cas, le messager de l'église de Laodicée ; qui est le dernier âge de l'église.
Il doit proclamer son message selon APOCALYPSE 3 : 14-21

*« Ecris à l'ange de l'Eglise de Laodicée : Voici ce que dit l'Amen, le témoin fidèle et véritable, le commencement de la création de Dieu.*

*Je connais tes œuvres. Je sais que tu n'es ni froid ni bouillant .Puisses-tu être froid ou bouillant. Ainsi parce que tu es tiède, et que tu n'es ni froid ni bouillant, Je te vomirai de ma bouche. Parce que tu dis : je suis riche,je me suis enrichi, et je n'ai besoin de rien, et parce que tu ne sais pas que tu es malheureux, misérable, pauvre, aveugle et nu, Je te conseille d'acheter de moi de l'or éprouvé par le feu afin que tu deviennes riche, et des vêtements blancs, afin que tu sois vêtu et que la honte de ta nudité ne paraisse pas, et un collyre pour oindre tes yeux, afin que tu voies.*

*Moi, Je reprends et Je châtie tous ceux que J'aime. Aie donc du zèle, et repens-toi. Voici, Je me tiens à la porte et Je frappe. Si quelqu'un entend ma voix et ouvre la porte, J'entrerai chez lui, Je souperai avec lui, et lui avec moi.*

*Celui qui vaincra, Je le ferai asseoir avec moi sur mon trône, comme moi J'ai vaincu et me suis assis avec mon père sur son trône.* »

Il est étrange d'entendre les paroles proclamées, par l'ange de l'âge, à la fin du message de l'âge. Voici ces paroles : « *QUE CELUI QUI A DES OREILLES ENTENDE CE QUE L'ESPRIT DIT AUX EGLISES* » Apocalypse 3 : 22

Pourquoi cela n'est-il pas écrit : QUE CELUI QUI A DES OREILLES ENTENDE CE QUE L'ANGE DE L'EGLISE DIT AUX EGLISES ? POURQUOI ?

Simplement parce que nous sommes appelés à être conduit par le Saint Esprit et à n'écouter que ce que l'Esprit de Dieu dit et non ce qu'un homme pourra dire.

« *LE SAINT-ESPRIT, L'ESPRIT DE VERITE VOUS CONDUIRA DANS TOUTE LA VERITE.* »

De la même manière, lorsque nous écoutons ce que le prophète dit, nous devons entendre ce que le Saint-Esprit dit au travers de l'homme et non ce que l'homme dit.

Un prophète peut mourir mais l'Esprit de Dieu continuera son œuvre.

Voici la raison pour laquelle Dieu doit susciter des serviteurs oints de l'Esprit; ayant une réelle expérience avec le Seigneur lors de leur appel; étant rempli du même Esprit que l'était le messager de l'âge de l'église; ayant reçu la même révélation afin de proclamer le même message qui a été donné au messager de l'âge de l'église ; non des perroquets avec « Le prophète a dit…..le prophète a dit….. »; mais des vrais serviteurs de Dieu appelés pour la tâche des vrais disciples du Seigneur Jésus-Christ, des croyants du Seigneur .

Ce sont ceux qui proclameront le message de Dieu à partir de L'ABSOLU qui est la Bible.

C'est le même message qui sera prêché par les deux prophètes en Israël.

Au travers de leurs prédications de la Parole de Dieu, 144.000 de toutes les tributs des enfants d'Israël qui auront reçu et cru la Parole de Dieu au travers de leur service seront scellés (ils recevront le Saint Esprit qui est le sceau de Dieu)

> *« N'attristez pas le Saint Esprit de Dieu, par lequel vous avez été scellés pour le jour de la rédemption »*
>
> EPHESIENS 4 : 30.

En accord avec DANIEL 9 : 27 : « *Il fera une solide alliance avec plusieurs pendant une semaine et durant la moitié de la semaine il fera cesser le sacrifice et l'offrande; le dévastateur commettra les choses les plus abominables, jusqu'à ce que la ruine et ce qui a été résolu fondent sur le dévastateur* ».

Il (l'antéchrist) fera une solide alliance avec plusieurs pendant une semaine et durant la moitié de la semaine (3.1/2 ans) il (l'antéchrist) fera cesser l'offrande et le sacrifice. Nous comprenons que l'Antéchrist, le Pape de Rome fera une alliance pendant une semaine avec Israël et, cela se fera dans la première partie de la dernière semaine du peuple de Daniel ; pendant les premiers trois ans et demi car nous lisons : « *Durant la moitié de la semaine il fera cesser le sacrifice et l'offrande* ».

Pourquoi ? Parce qu'au travers de la prédication de la Parole de Dieu par les deux prophètes de Dieu envoyés pour Israël leurs yeux seront ouverts comme écrit dans JEAN 8 : 30-32 :

> « *Comme Jésus parlait ainsi, plusieurs crurent en Lui .Et Il dit aux Juifs qui avaient cru en Lui :*
>
> *Si vous demeurez dans Ma parole, vous êtes vraiment mes disciples ; vous connaîtrez la vérité et la vérité vous affranchira* ».

Lorsqu'ils recevront la révélation de Dieu, ils reconnaîtront que le Pape de Rome avec qui ils auront signés une alliance est l'ennemi de Dieu, l'antéchrist ; ils ne voudront rien à voir avec lui et refuserons de collaborer avec lui.

Le même message que nous avons aussi reçu nous a conduit à la révélation de Dieu et nous a donné une compréhension claire de la Parole de Dieu par laquelle nous reconnaissons que l'antéchrist est le Pape de Rome. L'épouse de Christ n'a rien à faire avec Rome et le Pape.

L'antéchrist brisera l'alliance et c'est en cette période que les deux prophètes seront mis à mort selon APOCALYPSE 11 : 7 : « *Quand ils auront achevé leur témoignage, la bête qui monte de l'abîme leur fera la guerre, les vaincra, et les tuera* ».

Alors commencera :

*La seconde période de trois ans et demi (3.1/2 ans)*

La période de tribulation pour les Juifs comme écrit dans APOCALYPSE 11 :1-2 :

> « *On me donna un roseau semblable à une verge, et l'ange se présenta et dit : lève-toi et mesure le temple de Dieu, l'autel, et ceux qui y adorent ; mais le parvis extérieur du temple, laisse-le en dehors et ne le mesure pas ; car il a été donné aux nations, et elles fouleront aux pieds la ville sainte pendant quarante-deux mois* ».

Quarante-deux mois (42) divisé par 12 mois par an = 3 1/2 trois et demi

C'est durant cette période de trois ans et demi que les 144..000 de toutes les tribus des enfants d'Israël qui ont été scellés seront tués en accord avec APOCALYPSE 6 :9-11 :

> « Quand il ouvrit le cinquième sceau,je vis sous l'autel les âmes de ceux qui avaient été immolés à cause de la parole de Dieu et à cause du témoignage qu'ils avaient rendu. Ils crièrent d'une voix forte,en disant :Jusques à quand ,Souverain,Saint,Véritable,tardes-tu à juger,et à tirer vengeance de notre sang sur les habitants de la terre ?Une robe blanche fut donnée à chacun d'eux ;et il leur fut dit de se tenir en repos quelque temps encore,jusqu'à ce que fût compler le nombre de leurs compagnons de service et de leurs frères qui devaient être mis à mort comme eux».

Vous voyez, en d'autres termes, ils sont prédestinés à cela. Ce sont les écritures qu'ils doivent accomplir. Ils doivent simplement se reposer pour un peu de temps. Maintenant vous avez vos longues robes et vous allez rentrer à la maison. Restez assis là encore un peu de temps. Vous voyez, attendre encore un peu. Remarquez ceci, maintenant,tes frères…tes frères doivent encore être mis à mort,ce qui signifie que les 144.000 doivent encore être appelés dans la tribulation, 144.000 sont appelés.

J'aimerais avoir du temps, nous pourrions étudier ce sujet demain soir, si le Seigneur le permet, juste avant de passer à un autre Sceau .Voyez ! Observez ceci maintenant, ils doivent être martyrisés par l'antéchrist dans sa dernière chevauchée, comme nous venons de le voir, dans sa dernière chevauchée là où il brise l'alliance avec eux, les Juifs, et poursuit sa course.

Vous voyez ! Ces Juifs, les 144.000, doivent être appelés à sortir par les deux témoins d'APOCALYPSE 11, le cinquième sceau.

Mais pendant ce temps, pourquoi, regardez ce qui arrive c'est que l'épouse des gentils est choisie dans les sept âges de l'église et est enlevée, à cause de l'aveuglement (étant sous l'autel).

Dieu vient et dit : VOUS VOYEZ CE QUE C'ETAIT ? Maintenant je donnerai à chacun de vous une robe. Ils disaient : JUSQUES A QUAND ? ALLONS-NOUS RENTRER MAINTENANT ?

Il dit : NON, NON, NON, NON vos compagnons les Juifs doivent, cependant, encore souffrir un peu de temps Ils doivent être martyrisés comme vous avez été martyrisé. La bête doit se saisir d'eux lorsqu'elle rompra l'alliance. » Le cinquième sceau

Voici l'image complète des soixante –dix semaines de Daniel comme cela lui fût révélé par l'homme Gabriel envoyé de la présence du Seigneur. Il y a beaucoup de choses à dire concernant le peuple de Daniel mais comme dit depuis le commencement, l'intérêt était la soixante-dixième semaine de Daniel et par la grâce de Dieu au travers des saintes écritures, nous avons vu le plan de Dieu pour son peuple, même le prophète de Dieu William Branham pendant la prédication les soixante-dix semaines de Daniel, a démontré clairement qu'il reste une semaine pour Israël. « Ecoutez ! Pouvez-vous ? Combien peuvent voir maintenant ? Voyez-vous où les écritures prouvent que les soixante-dix semaines étaient 49 années Voyez-vous où les écritures prouvent que les soixante-deux semaines étaient 434 ans ? Voyez-vous où les soixante-neuf semaines étaient, étaient, étaient….Qu'était-ce ? Huit cents et 483 ans….

483 ans jusqu'à ce temps .Voyez-vous où le prince a été retranché Il a fallu quarante ans pour eux Juifs pour finalement arriver dans la place que Dieu a dite.

Regardez ici où l'âge des Gentils est passé au travers de toutes choses que nous avons dites qu'elles seraient (ou non ce que nous avons dit qu'il en sera, mais ce que la Bible dit qu'il en sera). Ce que la Bible dit, il en sera, descendant droit jusqu'à ce dernier âge, et pendant quarante ans eux les Juifs sont retournés dans ceci étant prêts pour que Dieu puisse faire exactement ce qu'Il a dit. Ils sont sortis de cette manière et ils sont revenus de cette manière. Et Israël est de retour dans son pays.

Maintenant, quand Dieu commencera-t-il la dernière semaine ? Quand ? Cela pourrait être aujourd'hui, cela pourrait être avant le coucher du soleil, Dieu le déclarera. Quand cela sera, je ne le sais pas.

J'attends, mais je vais apporter quelque chose ici, maintenant dans quelque…

Quelques minutes et je ne sais pas si vous allez le croire ou non. Mais je dois…je dois le dire de toute façon, je le crois. Nous sommes dans notre pays. Les Juifs sont dans leur pays. Nous sommes à la fin de l'âge, prêt pour l'enlèvement. L'enlèvement arrive, l'église est en marche, nous serons attirés pour Le rencontrer dans les airs, nous savons tous cela. La pierre qui a été détachée de la montagne est prête à venir à n'importe quel moment. Et quand cela vient, que se produira–t-il ? Cela termine le temps des Gentils, tout est fini, et Dieu cesse complètement d'agir avec eux.

« *Que celui qui est souillé se souille encore*, que celui qui est saint se sanctifie encore ».

Voyez .Que fait-Il alors ? Il prend son église remplie du Saint Esprit.

Qu'est-ce le souillé ? Ce sont les vierges endormies et elles viennent pour le jugement (nous verrons cela sur un autre plan lorsque nous terminerons celui–ci) là où elle arrive devant le trône du jugement et devra être jugée par les rachetés. Paul nous dit de ne pas porter une affaire en justice parce que les saints jugeront la terre. C'est juste .certainement nous sommes à la fin des temps, maintenant, c'est juste.

Et dans le milieu de la semaine….Maintenant voici la soixante-dix…Maintenant, si cela est exactement sept ans, chacune des semaines et nous avons déjà eu soixante-neuf semaines, alors nous avons l'âge des Gentils et nous savons que nous sommes à la fin de l'âge des Gentils ; donc il reste une semaine encore pour les Juifs. Est-ce juste ? Et c'est exactement sept années Si cela était sept ans, alors c'est sept ans, parce que Il a dit : « *Soixante-dix semaines ont été déterminées pour ton peuple.* »

Donc, nous savons que nous avons sept ans pour les Juifs. Est-ce juste ? Maintenant regardez ceci. S'il y a une question, je veux la connaître. Voyez !

Maintenant au milieu de la semaine…la moitié de la semaine juive, cela fait trois ans et demi années l'antéchrist,le prince , un prince doit venir;souvenez-vous il vient de Rome. Ce prince qui doit venir (qu'est-il ?un pape,un prince parmi le peuple)qui viendra…Alors il y aura un Pharaon qui ne connaît pas Joseph.

Maintenant vous, protestants dites : « Bien maintenant ça y est « Mais juste une minute; nous trouvons que les protestants comme une organisation ont fait une confédération des églises, une image à la bête, et vont droit dedans. Et nous trouvons que les Juifs sont appelés dans la confédération. Oui Monsieur. Et ils sont d'accord. Et la Bible dit qu'ils le font.

Et il fera une alliance avec eux, mais au milieu de la soixante-dixième semaine, il brisera, l'antéchrist brisera l'alliance avec les Juifs, « ton peuple » Pourquoi ? Maintenant, lorsque nous lisons dans APOCALYPSE 11 ceci : »J'enverrai…(c'est 11; vous arrivez jusqu'au 19 maintenant) Il enverra Ses deux prophètes,et ils prophétiseront en ces temps. Et alors ils seront en colère avec ces prophètes et les tueront. EST-CE JUSTE ? Leurs corps morts seront étendus dans la rue spirituelle appelée Sodome et Gomorrhe là où notre Seigneur a été crucifié : Jérusalem. Est-ce juste ? Ils seront étendus trois jours et trois nuits. Après trois jours et trois nuits, l'esprit de vie entrera en eux et ils ressusciteront et ils iront dans la gloire.

La dixième partie de la ville tombera en ce temps. Est-ce juste ? Pendant le milieu de la dernière soixante-dixième année.

Lorsque l'église partira, la confédération, les vierges endormies : Méthodistes, Baptistes, Presbytériens, Pentecôtistes refroidis, eux tous seront la confédération, ayant déjà leur gros régime, maintenant. Et lorsqu'ils le feront, ils feront une alliance qui fera… Maintenant le nouveau Pape que nous avons maintenant désire les y faire rentrer .Ne pouvez-vous pas voir les choses arrive juste là. Voulant donner une discussion sur cela et les y amenant tous .La première fois depuis des centaines et centaines et centaines d'années, mille an ; ou deux mille cela n'a jamais été fait.

Mais maintenant ; il les ramène tous ensemble et en fait une confédération, et en cela les Juifs l'accepteront. Oh Gloire à Dieu ! Alléluia ! Louange à notre Dieu qui vit d'éternité en éternité ! Un petit enfant verrait cela. La confédération rassemblera les Juifs, les Catholiques, les Protestants ensemble. Et souvenez-vous.

Que vont faire les deux prophètes lorsqu'ils viendront ? Cette bête, ce prince qui va disperser, briser la force du peuple saint, que va-t-il faire ? Il brisera l'alliance avec eux après trois ans et demi. Il les expulsera. Maintenant les gens pensent que c'est le communisme, c'est parce que vous avez, l'Esprit de Dieu n'a pas encore agi avec vous. Ce n'est pas le communisme. C'est la religion. La Bible nous dit que cela sera si proche que même les élus seraient séduits s'il était possible. Jésus l'a enseigné. Nous sommes dans la dernière chose.

Maintenant ces deux prophètes, que vont-ils faire ? C'est Moïse et Elie. Ils vont se lever sur la scène. Ils diront à ces Juifs leurs erreurs. Et hors du groupe de Juifs, c'est maintenant qu'il y aura les 144.000, Dieu les appellera par ces prophètes…Qu'est-ce ? L'esprit d'Elie ayant terminé avec l'église des Gentils continuera directement dans l'église juive, allant de l'avant et appelant Moïse avec lui. Alléluia ! Voyez-vous cela ? Et il prêchera le même message de pentecôte pour ces Juifs, à ceux qui ont rejeté le Messie. Amen ! Le voyez-vous ? Ce sera le même message de la pentecôte que ces juifs leurs prêcheront. Et ils haïront ces Juifs à tel point qu'ils les tueront. Et ils furent haïs par les nations et, au milieu de la semaine….

Parce qu'ils ont ressuscités une grande puissance les 144.000….Ils avaient le Saint Esprit, et frères, vous parlez d'accomplir des miracles, eux les ont accomplis. Ils arrêtèrent les cieux, et la pluie ne tomba pas pendant les jours de leurs prophéties, frapper la terre avec des plaies aussi souvent qu'ils le voulaient. Ils appelèrent les plaies et autres choses, ils donneront des temps très durs à Rome. Mais finalement ils seront mis à mort .Notre Dieu est terrible lorsqu'Il est irrité. Mais rappelez-vous, c'est dans la soixante-dixième semaine et l'épouse est déjà dans la gloire. Amen !

C'est le souper des noces, oui. Maintenant notez bien C'est là que nous la voyons revenir dans le millénium à la fin de l'âge des Juifs ; les oints. Le voici monté sur un cheval blanc, ceux qui Le suivent sont sur des chevaux blancs (cheval, puissance) habillé de blanc, sang, les vêtements teintés de sang, Son Nom est la Parole de Dieu. Il vient le grand vainqueur (oui monsieur) établir le millénium, venant vers le temple; Gloire, et là Il rencontre les 144.000.

Maintenant après la soixante-dixième semaine, soixante-dixième… ceci arrive pendant la soixante-dixième semaine. Et dans le milieu de la semaine, il brise l'alliance parce qu'il fait mourir les deux prophètes de la pentecôte qui frappent la terre (oui monsieur).

Et monsieur, il frappe cette église, il la brûle par le feu. Et pourquoi elle….Nous la trouvons dehors et les marchands de la terre debout pour la dernière moquerie La grande cité immortelle, Rome, en une heure sa fin est arrivée. Elle a été réduite en pièces. Dieu sait comment faire les choses. Et un des anges la regardant, dit : pourquoi le sang des martyrs de Christ est-il trouvé en elle ? pour sa déception, allant là et organisant, faisant d'autres choses semblables, polluant l'église, apportant toutes ces choses là, et martyrisant les véritables qui essaient de maintenir et de les ramener dehors .

Gloire ! Je ne sais pas. Je me sens me mouvoir dans ces choses. Voyez-vous ? N'êtes-vous pas reconnaissants pour la lumière du soleil ; marchant dans cette lumière. Où en sommes-nous, frères ? A la dernière heure. Cela peut arriver à n'importe quel moment et nous sommes ici. Le message est allé en avant pour la dernière église, l'église a rejeté Christ.

Les Juifs sont dans leur patrie pour un laps de temps, quarante ans. De nouvelles citées sont construites, qu'attendent-ils ? La venue du Messie. Quand cela sera-t-il ? Je ne sais pas. Quand la pierre frappera l'image ici elle est partie. Tout est terminé à ce moment. Maintenant notez ceci : dans le milieu de la semaine, trois jours et demi pardon trois ans et demi, il brisera l'alliance et fera cesser le sacrifice et l'offrande qu'ils auront déjà établis. Parce qu'ils y retourneront tout droit et diront : maintenant, regardez vous êtes tous l'église vous pouvez être reçu dans cette image de la bête. Nous aurons la communion nous viendrons à bout du communisme, nous balaierons le communisme. Voyez !

Ils peuvent le faire et ils le feront. Mais prêtez attention, comment cela est organisé ? L'adoration journalière, le sacrifice vont revenir dans la cité lorsque le temple sera rebâti.

Et le prince qui doit venir dans le milieu de cette semaine brisera l'alliance et fera cesser l'offrande et le sacrifice comme je l'ai dit ; il dispersera ; disperser la chose et ce qu'il aura fait durera jusqu'à l'apogée.

Notez la propagation des abominations afin d'amener la désolation, la propagations des abominations. Qu'est-ce l'abomination ? « Répugnants » Voyez ? Faire que ce soit désespéré, qu'est-ce cela ? S'éloigner avec, propager ceci, s'éloigner avec cela. La propagation de la puissance de Rome pour vaincre les vierges endormies, Juifs et tout… Nous serons tous Romains où nous ne serons rien. Il brisera l'alliance dans le milieu de la semaine. Propagation de l'abomination …

Si c'était l'abomination au temps de Jésus lorsque les Romains vinrent avec leur propagande ; ce sera Rome de nouveau, ce sera l'abomination contre l'église…. Afin que ce soit la désolation et que cela continue jusqu'à la l'apogée…Que fera t-il ? Il continuera jusqu'à l'apogée. Ce sera la fin.

Maintenant, Juives, Romaines, Protestantes (vierge endormie) vont se consolider elles-mêmes, ensemble pour former la confédération des églises. Et il en sera comme Jésus le dit dans MATTHIEU 24 et APOCALYPSE 13 :14.

Prenons Apocalypse 13 :14 « *Et elle séduisait les habitants de la terre par les prodiges qu'il lui était donné d'opérer en présence de la bête, disant aux habitants de la terre de faire une image à la bête qui avait la blessure, de l'épée et qui vivait.* »

Maintenant sans l'ombre d'un doute, nous savons qui était la bête, cette puissance qui faisait que malgré la blessure mortelle, elle vivait. C'était lorsque la Rome païenne a été tuée et la Rome Papale a pris sa place, lorsque la puissance païenne a été tuée et que la puissance papale a pris place.

***Les soixante-dix semaines de Daniel W. Branham.***

129 :1-2 « Comment un homme peut-il dire que l'épouse de Christ passera par la tribulation? Comment Dieu juge un homme qui est parfaitement et totalement sans péché… ?.

Chaque croyant, né de nouveau, réellement croyant, est parfaitement, absolument sans péché devant Dieu… Celui qui est né de Dieu ne commet pas le péché car il ne peut pécher ….Jésus a dit : Soyez donc parfait…. »

Si Jésus l'exige, Il doit prévoir un chemin pour cela. Et Il a… Son propre sang.

134 :2-3 « le reste des morts (membres d'église) ne reviennent pas à la vie jusqu'à ce que mille ans…une autre résurrection…et ils ont été rassemblés, et Christ et… l'épouse (pas l'église ) l'épouse Christ et la Reine (pas l'église) se tinrent là et ils furent séparés comme les brebis et les boucs…. les membres d'église viennent…ils disparaissent…au travers de l'épreuve de la tribulation qu'il purge .. Parce qu'ils ne sont pas actuellement sous le sang !...c'est le groupe endormi….. »

139 :1 « Lorsque l'Agneau prit le livre et brise le premier sceau, Dieu parla de Son Trône éternel pour annoncer ce qu'était ce sceau…Mais lorsque cela a été placé devant Jean c'était en symbole, un mystère…Cela sera révélé ….aux temps de la fin… »

149 :2 « Donc il reste encore trois ans et demi attendu pour la doctrine Messianique pour les Juifs, et Dieu n'agit pas avec les Juifs et les Gentils en même temps. Il traite avec Israël en tant que nation---les Gentils en tant qu'individu .Il ne prendra jamais les Gentils comme Son épouse. Il choisit son peuple hors des Gentils .Voyez. Il traite avec Israël en tant que nation elle se trouve là maintenant…. »

159 :3 -160 :5 « On ne voit plus Christ du tout, mais Il est sur un cheval blanc ; si cet individu est monté sur un cheval blanc, il est seulement un imitateur de Christ…. »

« Le cavalier n'a pas de nom ; mais Christ est appelé la Parole de Dieu….il a un arc, mais rien n'est dit concernant les flèches ; c'est un bluffeur. Christ a une épée tranchante. C'est la Parole de Dieu révélée à ses serviteurs, Dieu et Sa Parole sont la même personne. Dieu est la Parole. Un cavalier sur un cheval blanc est passé, impressionnant dans sa puissance de conquête.

Jésus a dit que les deux seraient tellement proche que les élus seraient séduits s'il était possible….C'est l'esprit antéchrist….

Le Saint Esprit était contre …les œuvres des Nicolaïtes…Nico signifie conquérir… Laïcs signifie Eglise… Conquérir les laïcs…Enlever le Saint Esprit de l'église et donner cela à un homme saint ; Nicolaïte est devenue doctrine… frayer le chemin du concile de Nicée.

168 :5 »après que l'église soit enlevée. Rome et les Juifs feront une alliance ensemble parce que cette nation est en train de faire faillite : nous vivons hors des taxes ; la dette de quarante ans à partir de maintenant ; une seule chose pourrait survenir : c'est faire appel au devise afin de payer les engagements et, nous ne pouvons le faire Wall Streets les possèdent tous et Wall Street est contrôlée par les Juifs. .le reste se trouve au Vatican… »

169 : 7-172 : 3 « Lorsqu'il aura l'argent sous son contrôle, il brisera l'alliance avec les Juifs, dans le milieu de la soixante-dixième semaine de Daniel….pendant ce temps…deux prophètes se lèveront sur la scène et appelleront les 144.000. Alors la marque de la bête d'Apocalypse 13 sera obligatoire car il détient tout le commerce, les métiers et toutes choses du monde.

Chaque dénomination en sera frappée, dans la confédération des églises ; même certains parmi vous gens du plein évangile la vérité a été placée devant vous ils l'on délaissée et sont partis et maintenant ils auront la grande désillusion de devoir croire le mensonge et être condamné par cela…

La Bible dit : il les trompera tous ; tous ceux sur la face de la terre dont le nom n'était pas écrit sous les sceaux depuis la fondation du monde.

Maintenant, notez bien, il va conquérir et presque tout est en sa prise maintenant, pendant qu'il est antéchrist, avant de devenir la bête. Vous parlez d'une punition cruelle. Et le dragon fera la guerre avec les restes ; qui n'ont pas voulu rentrer, mais était traqué… Et la réelle église sous le Sang… n'a pas de période de tribulation .La chose suivante est l'enlèvement pour l'église ».

*Texte condensé de Premier Sceau*

LE DIAGRAMME DE FRERE W.BRANHAM

Pendant la prédication sur les soixante-dix semaines de Daniel, frère Branham faisait toujours référence au diagramme, comme nous pouvons le lire :

« Maintenant si nous lisons qu'il y a soixante-dix semaines pour le peuple … Maintenant le…. Cela n'a rien à voir avec l'église.

Si vous notez ici, sur le diagramme j'ai les âges de l'église entre les soixante-dix semaines. Nous l'avons ici. Quelques frères de Georgia l'ont établi pour nous alors que nous parcourions les âges de l'église. Nous sommes certains que nous pouvons comprendre ce que cela signifie.

Ce blanc dans l'église ici, signifie qu'ils étaient apostoliques. Et alors dans le second âge de l'église, ils avaient la doctrine des Nicolaïtes -or ils avaient les œuvres des Nicolaïtes ; ce n'était pas encore devenu une doctrine. Le troisième âge de l'église, c'est devenu une doctrine et dans le quatrième âge de l'église c'était organisé et était la Rome Papale. Et dans le quatrième âge de l'église, c'était l'âge des ténèbres ; Notez bien, le sombre représente le Nicolaïsme et le Romanisme. La partie blanche représente le Saint Esprit, l'église. Comme cela a commencé dans le temps de Paul, toute l'église apostolique au complet était remplie du Saint Esprit. Alors les aristocrates ont commencé à se joindre et à fusionner et ont fait une nouvelle église et, juste la petite église a été brûlée, lapidée, donnée en pâture aux lions, et tout… » W M Branham. Si nous faisons attention au diagramme nous comprendrons que cet homme de Dieu était réellement inspiré par le Saint Esprit et conduits dans les écritures afin de placer toutes choses à sa place correcte.

Le Saint Esprit a été envoyé pour nous conduire dans toute la vérité. La parole de Dieu est la vérité. JEAN 17 :17 « *SANCTIFIE-LES PAR TA VERITE, TA PAROLE EST LA VERITE.* »

Ceci est le diagramme utilisé par Frère Branham pendant la prédication sur les soixante-dix semaines de Daniel prêché le 6 Août 1961 au Branham Tabernacle Indiana USA.

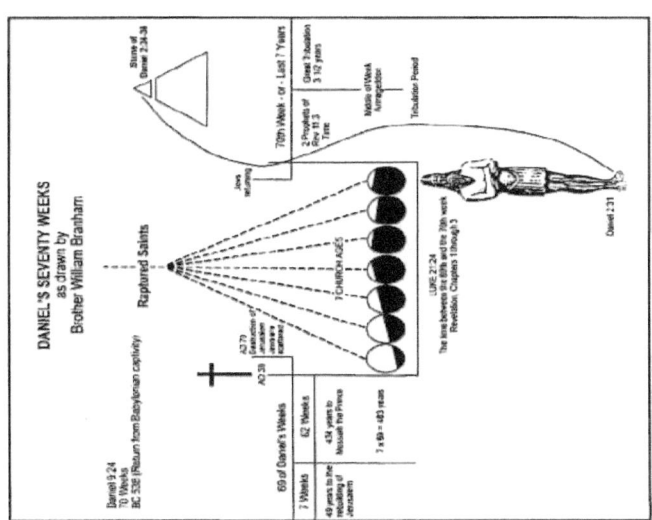

Ce croquis a été utilisé par Fr. Branham alors qu'il prêchait sur les soixante-dix semaines de Daniel et spécialement en enseignant sur les sept âges de l'église Rien n'a été changé ; ce n'est pas nécessaire car c'est clair et biblique.

Puisse le Seigneur notre Dieu être avec vous et vous donner une compréhension spirituelle de Sa Parole .Revenons tous au véritable absolu ; la Bible, la Parole de Dieu et mettons de côté tout enseignement contraire au modèle biblique qui amène la division, animosité et haine parmi les frères. Le véritable enseignement venant du Seigneur apporte l'amour et l'unité parmi les frères .Exactement comme il en était au commencement avec les apôtres, la Bible dit :

> « *Ceux qui reçurent de bon cœur sa parole furent baptisés et, en ce jour-là le nombre des disciples s'augmenta de trois mille âmes .Ils persévéraient dans l'enseignement des apôtres, dans la communion fraternelle, dans la fraction du pain, et dans les prières* ».
>
> ACTES 2 :41-42.

Ils continuaient d'une manière ferme et résolue dans la doctrine des apôtres et la communion fraternelle ; ceci est le chemin, le retour à la bible, à l'enseignement des apôtres comme il en été au commencement. Au lieu de courir partout avec leur propre compréhension qui, ne coïncide pas avec la parole d e Dieu mais que nous présentons comme une révélation uniquement par ce que nous désirons être supérieur aux autres. Là où se trouve l'orgueil, là aussi se trouve le diable avec son inspiration comme il en était du temps du Seigneur Jésus Christ avec les pharisiens et les saducéens etc…tous voulant démontrer qu'ils avaient compris Moïse et proclamant être les disciples de Moïse ; il en est de même aujourd'hui avec le ministère de Frère Branham.

C'est très urgent de revenir à la Parole et d'arrêter de dire continuellement : le prophète a dit….le prophète a dit……Nous devons dire La Parole de Dieu dit….le Seigneur dit……

Elie le prophète au travers de son ministère nous a ramené à la Bible.

Que le Seigneur Dieu vous bénisse tous dans le Nom du Seigneur et Sauveur Jésus-Christ !

Bro. Léonard LIFESE

## Table des Matières

LA SOIXANTE-DIXIEME SEMAINE DE DANIEL ............................................................. 1
   Première période ............................................................................................. 7
   Deuxième période .......................................................................................... 10
   Première période de trois ans et demi ........................................................... 29
   La seconde période de trois ans et demi (3.1/2 ans) ..................................... 34
   Les soixante-dix semaines de Daniel  W. Branham ..................................... 43
   Texte condensé de Premier Sceau ................................................................. 46

Oui, je veux morebooks!

# i want morebooks!

Buy your books fast and straightforward online - at one of world's fastest growing online book stores! Environmentally sound due to Print-on-Demand technologies.

## Buy your books online at
## www.get-morebooks.com

Achetez vos livres en ligne, vite et bien, sur l'une des librairies en ligne les plus performantes au monde!
En protégeant nos ressources et notre environnement grâce à l'impression à la demande.

## La librairie en ligne pour acheter plus vite
## www.morebooks.fr

VDM Verlagsservicegesellschaft mbH
Heinrich-Böcking-Str. 6-8   Telefon: +49 681 3720 174   info@vdm-vsg.de
D - 66121 Saarbrücken      Telefax: +49 681 3720 1749  www.vdm-vsg.de

www.ingramcontent.com/pod-product-compliance
Lightning Source LLC
Chambersburg PA
CBHW022018160426
43197CB00007B/471